원저자 | 정약용

조선 말기의 실학자. 정조 때의 문신이며, 정치가이자 철학자, 공학자이다. 본관은 나주, 자는 미용美庸, 호는 사암·탁옹·태수·자하도인紫霞道人·철마산인鐵馬山人·다산茶山, 당호는 여유與猶이며, 천주교 교명은 요안, 시호는 문도文度이다.

1776년정조 즉위 호조좌랑에 임명된 아버지를 따라 상경, 이듬해 이익의 유고를 얻어보고 그 학문에 감동받았다. 1783년 회시에 합격, 경의진사가 되었고, 1789년 식년문과에 갑과로 급제하고 가주서를 거쳐 검열이 되었으나, 가톨릭 교인이라 하여 탄핵을 받고 해미에 유배되었다. 10일 만에 풀려나와 지평으로 등용되고 1792년 수찬으로 있으면서 서양식 축성법을 기초로 한 성제城制와 기중가설起重架說을 지어 올려 축조 중인 수원성 수축에 기여하였다.

1794년 경기도 암행어사로 나가 연천현감 서용보를 파직시키는 등 크게 활약하였고, 1799년 병조참의가 되었으나 다시 모함을 받아 사직하였다. 정조가 세상을 떠나자 1801년 신유교난 때 장기에 유배, 뒤에 황사영 백서사건에 연루되어 강진으로 이배되었다.

다산 기슭에 있는 윤박의 산정을 중심으로 유배에서 풀려날 때까지 18년간 학문에 몰두, 정치기구의 전면적 개혁과 지방행정의 쇄신, 농민의 토지균점과 노동력에 의거한 수확의 공평한 분배, 노비제의 폐기 등을 주장하였다.

저서로『목민심서』『경세유표』『정다산전서』『아방강역고』『마과회통』『자찬묘지명』『맹자요의』『논어고금주』『춘추고징』『역학제언』『상서지원록』『주역심전』『사례가식』『상례사전』『악서고존』『상서고훈』『매씨서평』『모시강의』『삼미자집』등이 있다.

_____의 牧民心書

_____ 가 드립니다

일러두기

● 본문은 『목민심서』에서 발췌한 구절 100개입니다. 발췌한 구절은 원문을 그대로 유지하되, 내용에 따라 원문을 축약·정돈하여 제시하였습니다.

● 본문 번역은 원문의 의미를 최대한 살리는 차원에서 현대 한글로 의역하고 필요에 다라 내용을 보충하였습니다.

● 원문의 표점에 따라 번역하는 것을 기본으로 했으나, 읽고 쓰기의 편리성을 위해 문장을 끊어 쓰거나 내용을 보완하였습니다.

공직자들이 곁에 두고 마음에 새겨야 할 100개의 문장!

공직자를 위한

따라쓰기

정약용 원저 / 신창호 엮음

비단길

 머리말

1

    글을 쓴다는 것은 자신을 되새겨 보는 작업입니다. 사람은 '문文'이라는 화두를 통해, 자신의 몸에 무늬를 새겨 나갑니다. 그렇게 새긴 것을 '문명文明'이라고도 하고 문화文化라고도 하는데, 우리는 그것을 삶을 풍성하게 살찌우는 밑천으로 삼습니다. 그런 만큼 인간은 수시로 우주 자연과 세상을 읽고, 세계를 독해한 만큼 이미지로 마음에 아로 새깁니다. 인상 깊게 스케치한 진실은 다시 글로 표현해 냅니다. 이렇게 글로 표현하며 자기 삶을 되새김질하며 가꾸는 작업이 쓰기의 미학을 거쳐 삶의 감각에 예술성 더해 줍니다. 그만큼 쓰기는 자기 내면의 아름다움을 채우고 삶의 활력소를 저장하는 곳간과도 같습니다.

    이 쓰기 책의 내용은 『목민심서』에서 간추린 지혜를 담았습니다. 주지하

다시피『목민심서』는 조선 후기 최고 지성인 정약용의 저술입니다. 지금부터 꼭 200년 전, 정약용은 18년이란 긴 귀양살이를 마치고, 죄책감과 책임감이 오버랩 되는 긴 여정의 끝에,『목민심서』를 정돈합니다. 그것은 지식인의 강력한 사명감이자 지성의 발동이었고, 지도급 인사로서 사회에 대한 책무성의 발로였습니다. 정약용은『목민심서』서문에서 다음과 같이 분통을 터트리며 자신을 성찰합니다.

오늘날 백성을 다스리는 자들은 오직 거두어들이는 데만 급급하고 있다! 백성을 부양하는 데 도무지 신경 쓰지 않고 어떻게 해야 백성을 잘 살게 할 수 있는지 영 알지도 못한다. 때문에 백성들은 야위고 병들었다. 줄지어 구렁텅이에 빠져 허우적대고 있지만, 그들을 다스리는 정치인들이나 공직자들은 고운 옷이나 맛있는 음식으로 자기들만 배부르게 먹으며 살찌우고 있다! 이 어찌 슬프

지 않은가!

　'목민牧民'에서 목牧은 '백성을 부양하는 일'입니다. 그러니까 목민은 백성들이 최적의 삶을 살아갈 수 있도록 삶의 바탕을 마련해 주는, 삶의 기초를 마련해 주는 정치 행위입니다. 정약용은 어려서부터 아버지를 따라다니며, 다양한 정치 현장을 목격했습니다. 전국 여러 곳에서 백성들의 삶의 현장을 직접 보고 들으며 깨달았고, 귀양살이 이전에는 다양한 공직을 거치며 정치적 실험을 했습니다. 실제 목민의 효과도 맛보았습니다. 그러나 귀양살이 이후에는 정치적 폐인이 되어, 아무리 목민牧民에 마음이 있어도 쓸모가 없게 되었습니다. 그 서글픈 현실이 『목민심서牧民心書』에 녹아 있습니다. 부정과 부패, 타락의 정점으로 치솟는 현실 정치를 보며 안타까움에 휩싸여 통렬한 자성의 목소리라도 내야 했습니다. 그랬습니다. 정약용은 목민할 마음은 있으나, 현실이 그것을 허락하지 않았기에, 즉 귀양살이에서 갓 풀려났기에, 몸소 정치를 실행할 수 없었습니다. 때문에 '목민牧民'에다 '심서心書'라는 이름을 붙이고, 마음으로라도 책임을 통감하여 백성을 살려나는 데 일조하려고 발버둥쳤습니다.

2

2018년은 『목민심서』가 세상에 나온 지, 200년 되는 해입니다. 어쩌면 그 사이에 많은 사람들이 『목민심서』를 읽었을 겁니다. 정약용이 조선 사회에서 목격했듯이, 현재 대한민국 사회에서 국민을 다스리는 정치 지도자나 공직자가 "오직 거둬들이는 데만 급급하고, 국민의 삶, 민생民生을 고민하지 않는다면" 우리는 진지하게 『목민심서』를 다시 살펴볼 필요가 있습니다. '읽기'를 넘어 직접 쓰면서, 마음에 새기고, '목민'을 실천해야 합니다.

그 방편의 하나가 심서心書를 '따라 쓰며' 현실로 구현하는, 공직자 혹은 지도자 공부입니다.

3

『목민심서』는 백성을 다스리는 데 필요한 다양한 내용을 담고 있습니다. 정말 금과옥조金科玉條와 같은 말들을 수놓고 있습니다. 그러므로 공직자들이 자기 다짐을 하거나 정치 지도자들이 목민관으로서, 리더leader의 자질을 점검하는 차원에서 매우 소중한 삶의 자양분을 줍니다. 그것은 공직자로 재직하는 동안, 지도자로서 능력을 발휘하기 위한, 최고의 영양제이자 역동적 에너지를 불어넣는 활력소가 될 수 있습니다.

『목민심서』따라 쓰기를 통해, 대한민국 최고의 공직자로서 내면의 자질을 탄탄하게 다져 나가길 소망합니다.

감사합니다.

『목민심서』출간 200주년
2018년 5월
남양주 청옹정사淸瓮精舍에서 신창호 올림

이렇게 써 보세요

1 필기구 잡는 법

필기구는 엄지, 검지, 중지 등 세 손가락으로 엄지와 중지의 모습이 ①처럼 둥글게 되도록 살짝 당겨 잡습니다. 정권(正拳) 살짝 아래를 지나게 잡습니다.

2 주먹과 지면의 각도

주먹과 지면의 각도는 ②처럼 45도 정도 되게 기울여 잡습니다.

3 필기구 잡는 위치

필기구가 깎인 혹은 깎인 듯한 지점에서 1cm 정도 위를 잡습니다. 세 손가락의 위치를 정면에서 본다면 ❸처럼 손가락 끝이 가지런히 모이고 삼각형을 이루도록 잡습니다.

❸

4 세 손가락에 살짝 힘을

조금만 글씨를 써도 팔이 아프다는 분들이 있습니다. 불필요하게 팔에 힘을 많이 주기 때문입니다. 세 손가락에 살짝 힘을 주어 글씨를 씁니다.

5 안정된 자세

팔꿈치를 책상 위에 올려 놓고 글씨를 씁니다. 그래야 팔의 자세가 안정되고 바르게 되어 글씨 쓰기에 편하고 좋습니다.

6 필기구의 선택

글씨 교정이 필요하다면 삼각 연필이나 삼각 볼펜을 권합니다. 어느 정도 서체가 완성되었다면 만년필도 괜찮습니다.

이렇게 활용하세요

1 준비물 챙기기

우선 주변을 깨끗이 정돈한 다음 필사 책과 필기구를 준비합니다. 필요에 따라 음악을 틀어놓거나 차 한 잔을 준비하셔도 좋습니다. 필기구는 연필이나 볼펜, 만년필 등 어떤 것도 상관없지만 필사 초보자에게는 삼각연필을 권장합니다.

2 읽고 따라 쓰기

먼저 문장 하나를 천천히 읽습니다. 그 다음에는 오른쪽에 문장의 의미를 생각하면서 한글로 따라 씁니다. 왼쪽 상단의 한글 문장과 하단의 한문을 비교하면서 읽으면 문장의 뜻을 좀 더 폭넓게 이해할 수 있습니다. 모르는 한자는 자전을 찾아 메모하며 따라 써 보세요.

3 글씨는 또박또박 정자체로 천천히

글씨를 쓰는 것은 문장의 의미를 이해하며 마음에 새기는 과정이므로 빨리 쓰는 것보다는 천천히 호흡을 가다듬으면서 한 자 한 자 또박또박 정자체로 쓰는 게 좋습니다. 이렇게 쓰다 보면 잃어버렸던 자신만의 손글씨 서체를 완성해 나갈 수 있습니다.

4 매일 한 문장씩 꾸준하게

오른쪽 상단에는 요일과 날짜를 적도록 했습니다. 한꺼번에 여러 장을 쓰는 것보다는 하루에 한 문장씩 꾸준하게 쓰는 것을 권장합니다. 문장의 길이에 따라 두세 번 반복하여 쓰는 것이 좋습니다. 특히 오른쪽 하단의 TODAY'S MESSAGE에는 그날 그날의 소원이나 인상적인 문장을 써 보세요.

5 업무일지나 메모지로도 활용

이 필사책은 필사 용도 이외에 업무일지나 메모 노트로도 활용할 수 있도록 설계하였습니다. 이 책 한 권에 100개의 문장이 수록되어 있으므로 산술적으로는 세 달간 활용할 수 있습니다. 필사만 하는 것이 지루하거나 힘들다면 잠시 중단하고 업무일지 또는 메모 노트로 활용해도 좋습니다.

 목차

부임赴任 공직에 나가며

001	신중하게 공직 생활을 시작하라	20
002	부임지로 갈 때는	22
003	하직 인사를 할 때는	24
004	부정적인 요소를 직접 타파하라	26
005	부임지의 상황을 파악한 후	28
006	백성들의 건의를 받들어라	30
007	사람들의 억울함을 풀어주라	32
008	기한에 맞추어 공무를 집행하라	34

율기律己 나를 다스리며

009	조금의 여가에도 백성을 생각하라	36
010	위엄을 가지고 진중한 모습으로	38
011	유흥으로 공무를 어지럽히지 말라	40

012	민생을 묻고 공무 관련 공부를 하라	42
013	업무의 연속성을 신중하게 고려하라	44
014	청렴은 지도자의 근본 책무이다	46
015	작은 것이라도 뇌물은 주고받지 말라	48
016	잘못된 관례는 강력한 의지로 고쳐라	50
017	특별한 생일 축하를 받지 말라	52
018	청렴을 생명처럼 여겨라	54
019	친인척 관리에 고심하라	56
020	사치하지 말고 품위를 지켜라	58
021	친인척과 적절한 거리를 두고	60
022	고위 공직자가 청탁하는 일은	62
023	삶의 일관성을 지켜라	64
024	공무로 쓰는 물건을 개인 물건처럼	66
025	임기를 마칠 때는 기부를 하라	68
026	모든 사물을 용도에 맞게 사용하라	70
027	형편을 헤아리면서 배려하라	72
028	봉급을 절약하여 베풀어라	74
029	난민 같은 불쌍한 사람을 보호하라	76
030	권문세가를 후하게 섬기지 말라	78

봉공奉公 충실하게 공무를 수행하며

031	직위에 합당한 책임을 물어라	80
032	공문서의 본질을 정확하게 알려라	82
033	국가 추모일에는 취지에 맞게	84

034	정책 실행이 어려우면 사퇴하라	86
035	공직자로서의 영광과 두려움	88
036	법을 굳게 지켜 흔들리지 않으면	90
037	법에 저촉되는 일은 일체 하지 말라	92
038	사리에 맞지 않는 법은 수정하라	94
039	공손한 행위가 예의에 알맞으면	96
040	인연에 얽매이지 않고 예의를 지켜라	98
041	죄를 다스릴 때는	100
042	잘못을 잘 판단하고 처리하라	102
043	중요한 문서는 직접 작성하라	104
044	공문서의 내용은 긍정적으로 써라	106
045	문서는 기록으로 남겨라	108
046	부정행위를 제대로 관찰하라	110
047	세금 징수는 잘사는 사람부터	112
048	지역 실정을 고려하여 실행하라	114
049	상급기관과 협조 체제를 구축하라	116
050	긴급한 사안부터 먼저 구조하라	118

애민愛民 백성을 사랑하며

051	노인을 위한 복지 정책을 진지하게	120
052	절차에 따라 노인 우대 정책을 펴라	122
053	빈곤층을 자식처럼 보살펴라	124
054	힘을 합쳐 가난한 사람을 보호하라	126
055	사회적 약자를 배려하라	128

056	결혼 정책에 깊은 관심을 가져라	130
057	극빈층이 상을 당하면 국가가 지원하라	132
058	흉년이나 전염병으로 죽으면	134
059	불치병자와 응급환자를 보살펴라	136
060	국가 차원의 재난 구조 방책을 마련하라	138
061	기관장은 재난 대비책을 세워라	140
062	재해를 예방하고 편히 살도록	142

이전吏典 인사관리에 철저하며

063	자신이 올바르지 못하면	144
064	위엄과 신의로 부하를 통솔하라	146
065	인재를 등용하여 적절하게 배치하라	148
066	사람의 특성을 잘 살펴라	150
067	훌륭한 사람을 추천하라	152
068	지역사회의 지성인을 존중하라	154
069	눈과 귀를 사방으로 열어라	156
070	실수를 눈감아 주되 부정을 적발하라	158
071	하급 공무원들의 고과를 철저히 하라	160
072	인사 고과를 할 수 있는 임기를 보장하라	162

호전戶典 국가 재산 관리에 대해

073	담당 공직자가 농간을 부리지 못하게	164
074	호구조사는 철저하고 정확하게	166
075	백성의 부담을 가볍게 하라	168

예전禮典 절도 있는 예법을 행하며

076	백성을 교화하라	170
077	지식교육에만 빠지지 말고	172
078	스승을 존중하고 배움에 매진하라	174
079	사람의 등급을 정확하게 구별하라	176
080	사람을 구별하되 실정을 살펴라	178
081	인재 선발 방식을 바꿔라	180

병전兵典 군대 운용의 합리성을 고민하며

| 082 | 부정의 소지가 있을 때는 | 182 |
| 083 | 군대를 면제받으려는 자는 | 184 |

형전刑典 범죄를 올바르게 다루며

084	소송에 관한 사안을 성실하게	186
085	송사 결정은 반드시 신중하게 하라	188
086	소송의 내용을 차근차근 살펴보라	190
087	윤리도덕에 관한 송사는	192
088	토지 관련 송사는 가장 공정하게	194

공전工典 공공시설의 관리에 힘쓰며

| 089 | 사람이 편리하게 다닐 수 있게 | 196 |

진황賑荒 흉년을 대비하며

| 090 | 백성을 구제하는 정치를 늘 예비하라 | 198 |

| 091 | 형편에 따라 창고를 열어 구제하라 | 200 |

해관解官 떠날 때는 엄중하게

092	자리가 교체되면 미련 없이 떠나라	202
093	평소에 공문서를 깔끔하게 정돈하라	204
094	임기를 마치고 돌아가는 모습은	206
095	역사책에 남을 목민관이 되라	208
096	명성으로 인해 서로 모셔 가게	210
097	훌륭한 지도자의 아름다운 마무리	212
098	기억에 남는 지도자가 되라	214
099	임기를 마치고 간 후에 사모하는 것은	216
100	지도자가 지닌 덕망의 증거	218

목민심서 편명 풀이 　　　　　　　　　　220

참고문헌 　　　　　　　　　　　　　　222

부임6조 제배편
신중하게 공직 생활을 시작하라

공직 생활을 하려고 마음먹었을 때,
일반적인 관직은 구해도 좋지만
목민의 관직은 함부로 구해서는 안 된다.
또한 지도자가 되어 처음으로 부임하면서
사람들에게 제멋대로 선심성 재물을
나누어 주어서도 안 된다.

他官可求, 牧民之官, 不可求也. 除拜之初,
財不可濫施也.

他官可求牧民之官不可求也
除拜之初財不可濫施也

월mon 화tue 수wed 목thu 금fri 토sat 일sun   **20** . . .

TODAY'S MESSAGE

부임6조 치장편

002 부임지로 갈 때는

정치 지도자가 부임지로 가면서
필요한 사항들을 준비하여 챙겨갈 때,
의복을 비롯하여 평소 이용하던 생활도구는
모두 그대로 쓰고 새로 마련해서는 안 된다.
그리고 평소 친분 있던 사람들을
많이 데려가서는 안 된다.

治裝, 其衣服・鞍馬, 竝因其舊, 不可新也.
同行者, 不可多.

治裝其衣服鞍馬竝因其舊不
可新也同行者不可多

월mon 화tue 수wed 목thu 금fri 토sat 일sun   **20** . .

TODAY'S MESSAGE

부임6조 사조편

003 하직 인사를 할 때는

공경과 대간을 비롯한 고위 관리들에게
두루 하직 인사를 할 때는
자신의 재능이 부족하다고 겸손해야지
봉급이 많고 적음에 대해 불평을 늘어놓아서는 안 된다.
하급 관리가 인사를 하려고 찾아오면
장중하고 화기애애하면서도 간결하고
과묵하게 대해야 한다.

牧民心書

歷辭公卿·臺諫, 宜自引材器不稱, 俸之厚薄,
不可言也. 新迎吏·隸至, 其接之也,
宜莊·和·簡·默.

歷辭公卿臺諫宜自引材器不
稱俸之厚薄不可言也新迎吏
隸至其接之也宜莊和簡默

월mon 화tue 수wed 목thu 금fri 토sat 일sun   **20** . . .

TODAY'S MESSAGE

부임6조 계행편

004 부정적인 요소를 직접 타파하라

부임지로 가는 길에 잘 닦여진 길이 있음에도 불구하고
사람들이 미신을 신봉하며 그 길을 지나다니지 않고
먼 길로 돌아다니고 있으면,
직접 그 길을 지나가 모범을 보이면서
사특하고 괴이한 소문들을 타파해야 한다.

道路所由, 其有忌諱, 舍正趨迂者, 宜由正路,
以破邪怪之說.

道路所由其有忌諱舍正趨迂
者宜由正路以破邪怪之說

월mon 화tue 수wed 목thu 금fri 토sat 일sun   20 . . .

TODAY'S MESSAGE

부임6조 상관편

005 부임지의 상황을 파악한 후

부임지에서 관계자들에게 보고를 받은 후에는
조용히 앉아 사람들을 다스릴 방법을 생각해야 한다.
너그러우면서도 엄숙하고 간결하면서도
치밀하게 미리 규모를 정하되
시의적절하게 하여 목민관으로서
자세를 다지고 스스로 지켜 나가도록 한다.

牧民心書 參謁旣退, 穆然端坐, 思所以出治之方.
寬·嚴·簡·密, 預定規模, 唯適時宜,
確然以自守.

參謁旣退穆然端坐思所以出
治之方寬嚴簡密預定規模唯
適時宜確然以自守

월mon 화tue 수wed 목thu 금fri 토sat 일sun   **20** . . .

TODAY'S MESSAGE

부임6조 이사편

006 백성들의 건의를 받들어라

부임한 다음 날 새벽부터 본격적인 정치를 실천한다.
부임지 사람들에게 명령을 내려
민폐가 되는 사안에 대해 묻고
민간에서도 건의할 일이 있으면 하도록 한다.

厥明開坐, 乃蒞官事. 是日發令於士民,
詢瘼求言.

厥明開坐乃蒞官事是日發令
於士民詢瘼求言

월mon 화tue 수wed 목thu 금fri 토sat 일sun   **20** . . .

TODAY'S MESSAGE

부임6조 이사편

007 사람들의 억울함을 풀어주라

사람들의 억울함이 담긴 고소・고발이 있으면
간결하게 판결한다.
긴급한 사안부터 명령을 내려
사람들에게 몇 가지 긴요한 일에 대해 약속을 하고,
관공서 바깥 대문에 북을 하나를 걸어 두고
억울한 일이 있으면
수시로 두드려 알릴 수 있게 한다.

是日有民訴之狀, 其題批宜簡. 是日發令,
以數件事, 與民約束, 遂於外門之楔, 特懸一鼓.

是日有民訴之狀其題批宜簡
是日發令以數件事與民約束
遂於外門之楔特懸一鼓

월 mon 화 tue 수 wed 목 thu 금 fri 토 sat 일 sun   20 . . .

TODAY'S MESSAGE

부임6조 이사편

기한에 맞추어 공무를 집행하라

관공서의 일은 기한이 있게 마련인데,
그 기한을 믿지 않는 것은 사람들이
관공서의 공무를 우습게 보는 것이니,
기한을 믿게 해야 한다.
관공서의 일정에 맞추어 조그만 책자를 만들고
한 해 동안 일이 정해진 기한을 기록하여
일정을 확인하며 일할 수 있도록 한다.

官事有期, 期之不信, 民乃玩令, 期不可不信也.
是日作適曆小冊, 開錄諸事之定限, 以補遺忘.

官事有期期之不信民乃玩令
期不可不信也是日作適曆小
冊開錄諸事之定限以補遺忘

월mon 화tue 수wed 목thu 금fri 토sat 일sun   20 . . .

TODAY'S MESSAGE

율기6조 칙궁편

조금의 여가에도 백성을 생각하라

일상생활에서 절도 있고 몸가짐을 단정히 하며
백성들에게 임할 때는 장중한 모습이 옛사람의 도리이다.
공무를 보는 사이에도 여가가 있으면,
반드시 정신을 집중하여 고요히 생각하고
백성을 편안하게 할 방책을 헤아려 내어
정성을 다해 잘 다스려지기를 강구해야 한다.

興居有節, 冠帶整飭, 蒞民以莊, 古之道也.
公事有暇, 必凝神靜慮, 思量安民之策,
至誠求善.

興居有節冠帶整飭蒞民以莊
古之道也公事有暇必凝神靜
慮思量安民之策至誠求善

월mon 화tue 수wed 목thu 금fri 토sat 일sun   **20** . . .

TODAY'S MESSAGE

율기6조 칙궁편

010 위엄을 가지고 진중한 모습으로

관공서의 위상은 엄숙에 있으므로
지도자의 자리 곁에 쓸데없이 다른 사람이 있어서는 안 된다.
지도자는 진중하지 않으면 위엄이 없어 보이므로,
백성을 다스리는 공직자는
반드시 몸가짐을 진중하게 해야 한다.

官府體貌, 務在嚴肅, 坐側不可有他人.

君子不重則不威, 爲民上者, 不可不持重.

官府體貌務在嚴肅坐側不可
有他人君子不重則不威爲民
上者不可不持重

월mon 화tue 수wed 목thu 금fri 토sat 일sun **20**

TODAY'S MESSAGE

율기6조 칙궁편
011 유흥으로 공무를 어지럽히지 말라

술을 금하고 이성을 멀리하며
춤과 노래를 물리치며 큰 제사를 지낼 때처럼
공손하고 엄정하게 행동하여,
유흥에 빠져 정사를 어지럽히고
시간을 헛되이 보내서는 안 된다.
한가하게 놀면서 풍류로 세월을 보내는 것은
단정하게 앉아 움직이지 않는 것보다도 못하다.

斷酒絶色, 屛去聲樂, 齊遬端嚴, 如承大祭,
罔敢游豫, 以荒以逸. 燕游般樂,
莫如端居而不動也.

월 mon 화 tue 수 wed 목 thu 금 fri 토 sat 일 sun   20 . . .

41

TODAY'S MESSAGE

율기6조 칙궁편

민생을 묻고 공무 관련 공부를 하라

지도자를 따라다니는 비서진을 간략하게 하고
얼굴빛을 부드럽게 하여
서민들의 민생이 어떠한지 물으면
사람들이 좋아할 것이다.
집무실에서 공무와 관련되는 공부를 하며 글을 읽으면
훌륭한 관리라고 할 수 있다.

簡其騶率, 溫其顔色, 以詢以訪, 則民無不悅矣.
政堂有讀書聲, 斯可謂之淸士也.

簡其騶率溫其顔色以詢以訪
則民無不悅矣政堂有讀書聲
斯可謂之淸士也

월mon 화tue 수wed 목thu 금fri 토sat 일sun   **20**   . . .

TODAY'S MESSAGE

율기6조 칙궁편

업무의 연속성을 신중하게 고려하라

이전의 사례에 따라 당면과제를 처리하고
큰일을 지속적으로 힘써 지키는 것도
업무를 진행하는 한 방법이지만,
시대의 풍속이 맑고 순박하며,
지위가 높고 명망이 두터운 사람이라야 그렇게 할 수 있다.

循例省事, 務持大體, 亦或一道, 唯時淸俗淳, 位高名重者, 乃可爲也.

월mon 화tue 수wed 목thu 금fri 토sat 일sun   **20** . . .

TODAY'S MESSAGE

율기6조 청심편

청렴은 지도자의 근본 책무이다

청렴은 지도자나 관리가 지켜야 할 근본적인 책무로,
모든 선의 원천이고 모든 덕의 근본이다.
청렴은 세상에서 가장 중요한 장사이다.
사람이 청렴하지 않은 이유는
그의 지혜가 부족하기 때문이다.

廉者, 牧之本務, 萬善之源, 諸德之根, 廉者,
天下之大賈也. 人之所以不廉者, 其智短也.

廉者牧之本務萬善之源諸德
之根廉者天下之大賈也人之
所以不廉者其智短也

월mon 화tue 수wed 목thu 금fri 토sat 일sun   **20** . . .

TODAY'S MESSAGE

율기6조 청심편

작은 것이라도 뇌물은 주고받지 말라

지도자나 공직자가 청렴하지 않으면
백성들은 그를 도적으로 지목한다.
뇌물을 주고받을 경우 누구나 비밀스럽게 한다.
그러나 밤중에 한 일은 아침이면 드러나게 마련이다.
선물을 받을 경우,
보내온 물건이 작은 것이더라도
은혜를 받은 정으로 맺어졌으니
이미 개인적 인정이 행해진 것이다.

牧之不清, 民指爲盜, 貨賂之行, 誰不秘密,
中夜所行, 朝已昌矣. 饋遺之物, 雖若微小,
恩情旣結, 私已行矣.

월mon 화tue 수wed 목thu 금fri 토sat 일sun   **20**

TODAY'S MESSAGE

율기6조 청심편

잘못된 관례는 강력한 의지로 고쳐라

지나치게 바로 잡으려는 행동이나 각박한 정치는
사람들의 정서에 맞지 않아
취할 것이 못 된다.
예전부터 내려오는 잘못된 관례는
강력한 의지를 갖고 고쳐야 한다.
간혹 고치기 어려운 일이 있더라도
지도자나 공직자 자신은 범하지 말아야 한다.

矯激之行, 刻迫之政, 不近人情, 非所取也.
凡謬例之沿襲者, 刻意矯革, 或其難革者,
我則勿犯.

월mon 화tue 수wed 목thu 금fri 토sat 일sun   20 . . .

TODAY'S MESSAGE

율기6조 청심편

017 특별한 생일 축하를 받지 말라

지도자의 생일에 여러 학교 관리나 관공서에서
풍성한 잔칫상을 올리더라도 받아서는 안 된다.
받지 않고 내놓는 것이 있더라도 공공연히 말하지 말고
자랑하는 기색을 나타내지도 말며
남에게 이야기하지도 말고
전임자의 잘못에 대해서도 말하지 말라.

牧之生朝, 吏校諸廳, 或進盤饌, 不可受也.

凡有所捨, 毋聲言, 毋德色, 毋以語人.

毋說前人過失.

월mon 화tue 수wed 목thu 금fri 토sat 일sun   **20** . . .

TODAY'S MESSAGE

율기6조 청심편

018 청렴을 생명처럼 여겨라

청렴한 공직자는 사람들을 원칙에 따라
사무를 처리하기 때문에 너그럽게 용서하는 일이 적다.
그러므로 사람들이 이런 측면을 공직의 단점으로 여긴다.
청탁이 행해지지 않으면 청렴하다 할 수 있다.
청렴하다는 명성이 사방에 퍼져
좋은 소문이 날로 드러나면
공직자 인생에서 아주 영광스러운 일이다.

廉者寡恩, 人則病之. 干囑不行焉, 可謂廉矣.
淸聲四達, 令聞日彰, 亦人世之至榮也.

廉者寡恩人則病之干囑不行
焉可謂廉矣淸聲四達令聞日
彰亦人世之至榮也

월mon 화tue 수wed 목thu 금fri 토sat 일sun   20 . . .

TODAY'S MESSAGE

율기6조 제가편

친인척 관리에 고심하라

한 지역을 다스리려는 지도자는 먼저
자신의 집안을 잘 다스려야 한다.
형제자매 간에 그리워 서로 생각날 때
가끔 왕래하는 것은 괜찮지만
장기간 머물러서는 안 된다.

欲治其邑者, 先齊其家. 昆弟相憶, 以時往來,
不可以久居也.

欲治其邑者先齊其家昆弟相
憶以時往來不可以久居也

월mon 화tue 수wed 목thu 금fri 토sat 일sun   20 . . .

TODAY'S MESSAGE

율기6조 제가편

020 사치하지 말고 품위를 지켜라

의복을 명품으로 치장하는 일은
일반 서민들이 꺼리는 짓이고
공직자로서 복을 꺾는 길이다.
음식을 비싼 것으로만 사치스럽게 먹는 것은
재화를 소비하고 물자를 탕진하는 짓으로
재앙을 불러들이는 길이다.

衣服之奢, 衆之所忌, 折福之道也. 飮食之侈,
財之所糜, 物之所殄, 招災之術也.

衣服之奢衆之所忌折福之道
也飮食之侈財之所糜物之所
殄招災之術也

월mon 화tue 수wed 목thu 금fri 토sat 일sun   20 . . .

TODAY'S MESSAGE

율기6조 병객편

021 친인척과 적절한 거리를 두고

친척이나 친구가 다스리는 지역 내에 많이 살고 있으면,
그들과 단단히 약속하여
서로 의심하거나 헐뜯는 일이 없게 하고,
서로 좋은 감정을 보존하도록 해야 한다.

親戚故舊, 多居部內, 宜申嚴約束, 以絶疑謗,
以保情好.

親戚故舊多居部內宜申嚴約
束以絶疑謗以保情好

월mon 화tue 수wed 목thu 금fri 토sat 일sun   **20** . . .

TODAY'S MESSAGE

율기6조 병객편

022 고위 공직자가 청탁하는 일은

중앙 정부의 고위 공직자가
개인적으로 연락하여 청탁하는 일은
들어주어서는 안 된다.
가난한 친구와 궁핍한 친척이
먼 곳에서 찾아오는 경우에는
후하게 대접하여 돌려보낸다.

朝貴私書, 以關節相託者, 不可聽施.
貧交·窮族, 自遠方來者, 宜卽延接,
厚遇以遣之.

월mon 화tue 수wed 목thu 금fri 토sat 일sun   **20** . . .

TODAY'S MESSAGE

율기6조 절용편

삶의 일관성을 지켜라

수령 노릇을 잘하려는 자는 반드시 자애로워야 하고,
자애로우려면 반드시 청렴해야 하며,
청렴하려면 반드시 절약해야 한다.
절용은 수령이 맨 먼저 힘써야 할 일이다.

善爲牧者必慈, 欲慈者必廉, 欲廉者必約.
節用者, 牧之首務也.

善爲牧者必慈欲慈者必廉欲
廉者必約節用者牧之首務也

월 mon 화 tue 수 wed 목 thu 금 fri 토 sat 일 sun   **20** . . .

TODAY'S MESSAGE

율기6조 절용편

공무로 쓰는 물건을 개인 물건처럼

개인적 용도로 쓰려던 물건을 절약하는 일은
보통사람도 할 수 있지만
관공서에서 공무로 쓰는 물건을
절약하는 사람은 드물다.
공무로 쓰는 물건을 개인이 쓰는 물건처럼 보아야
훌륭한 공직자이다.

私用之節, 夫人能之, 公庫之節, 民鮮能之.
視公如私, 斯賢牧也.

私用之節夫人能之公庫之節
民鮮能之視公如私斯賢牧也

월mon 화tue 수wed 목thu 금fri 토sat 일sun   **20**   .   .   .

TODAY'S MESSAGE

율기6조 절용편

025 임기를 마칠 때는 기부를 하라

임기를 마치고 가는 날에는
반드시 기부가 있어야 한다.
기부하는 액수는
미리 준비해야 한다.

牧民心書

遞歸之日, 必有記付, 記付之數, 宜豫備也.

遞歸之日必有記付記付之數
宜豫備也

월mon 화tue 수wed 목thu 금fri 토sat 일sun   **20** . . .

TODAY'S MESSAGE

율기6조 절용편

026 모든 사물을 용도에 맞게 사용하라

천지가 사물을 낳은 것은
사람들이 그것을 누리고 쓰도록 한 것이다.
때문에 하나의 물건이라도 버려지지 않도록 해야
재물을 잘 쓴다고 할 수 있다.

牧民心書

天地生物, 令人享用, 能使一物無棄,
斯可曰善用財也.

天地生物令人享用能使一物
無棄斯可曰善用財也

월mon 화tue 수wed 목thu 금fri 토sat 일sun   **20** . . .

TODAY'S MESSAGE

율기6조 낙시편

형편을 헤아리면서 배려하라

절약하기만 하고 쓰지 않으면
친인척이 멀어진다.
은혜 베풀기를 좋아하는 것이
바로 덕을 심는 근본이다.
가난한 친구나 궁핍한 친인척들은
그 힘을 헤아려 보면서 배려해야 한다.

節而不散, 親戚畔之. 樂施者, 樹德之本也.

貧交·窮族, 量力以周之.

節而不散親戚畔之樂施者樹德之本也貧交窮族量力以周之

월mon 화tue 수wed 목thu 금fri 토sat 일sun   20 . . .

TODAY'S MESSAGE

율기6조 낙시편

028 봉급을 절약하여 베풀어라

공직자로서 자신의 봉급에 남는 것이 있어야
남에게 베풀 수 있다.
그러지 않고 관공서의 예산이나 재물을 빼내어
개인적으로 다른 사람을 돌봐 주는 것은 예의가 아니다.
공직에서 받는 봉급을 절약하여
그 지방 사람에게 돌아가게 하고,
자신의 별도 수입으로 친인척들을 돌보아 주면
원망이 없다.

我廩有餘, 方可施人. 竊公貨以賙私人, 非禮也.
節其官俸, 以還土民, 散其家穡, 以贍親戚,
則無怨矣.

我廩有餘方可施人竊公貨以賙私人
非禮也節其官俸以還土民散其家穡
以贍親戚則無怨矣

월mon 화tue 수wed 목thu 금fri 토sat 일sun   **20** . . .

TODAY'S MESSAGE

율기6조 낙시편

난민 같은 불쌍한 사람을 보호하라

전쟁이 일어났을 때
난리를 피하여 떠돌아다니며
임시로 붙여 사는 사람을 불쌍히 여기고
보호해 주어야 한다.
이것이 지도자로서
의로운 사람이 실천할 일이다.

干戈搶攘, 流離寄寓, 撫而存之, 斯義人之行也.

干戈搶攘流離寄寓撫而存之
斯義人之行也

월mon 화tue 수wed 목thu 금fri 토sat 일sun   **20**   .   .   .

TODAY'S MESSAGE

율기6조 낙시편

권문세가를 후하게 섬기지 말라

오랫동안 한 사회를 지배하며
큰 권력과 세력을 지니고 있는
권문세가를 후하게 섬겨서는 안 된다.

權門勢家, 不可以厚事也.

權門勢家不可以厚事也

월mon 화tue 수wed 목thu 금fri 토sat 일sun   20   .   .   .

TODAY'S MESSAGE

봉공6조 선화편

직위에 합당한 책임을 물어라

지방의 공직자이자 지도자인 군수나 현령의 임무는
본래 지역 주민들에게 복지를 베풀고 혜택을 주는 것이다.
그런데 요즘 그 임무가 큰 관공서의 지도자인
감사에게만 있는 듯이 생각하여
감사에게 일의 책임을 떠맡기는 것은 잘못이다.

牧民心書

郡守·縣令, 本所以承流宣化, 今唯監司,
謂有是責, 非也.

郡守縣令本所以承流宣化今
唯監司謂有是責非也

월mon 화tue 수wed 목thu 금fri 토sat 일sun   20 . . .

TODAY'S MESSAGE

봉공6조 선화편

032 공문서의 본질을 정확하게 알려라

중앙 정부에서 내려보내는 명령이나
죄수를 석방하기 위해 사면을 하는 경우,
내용이 사실에 부합하는지 요점을 따지고,
백성들이 그 본질을 제대로 이해하도록 해야 한다.

教文・赦文到縣, 亦宜撮其事實, 宣諭下民,
俾各知悉.

教文赦文到縣亦宜撮其事實
宣諭下民俾各知悉

월mon 화tue 수wed 목thu 금fri 토sat 일sun   20 . . .

TODAY'S MESSAGE

033 국가 추모일에는 취지에 맞게

봉공6조 선화편

국가적인 추모 기념일에는
공적 업무를 보지 않고 형벌도 집행하지 않으며
음악을 즐기며 놀지 않고,
취지에 맞게 기념한다.

國忌廢事, 不用刑, 不用樂, 皆如法例.

國忌廢事不用刑不用樂皆如法例

월mon 화tue 수wed 목thu 금fri 토sat 일sun **20**

TODAY'S MESSAGE

봉공6조 선화편

정책 실행이 어려우면 사퇴하라

중앙 정부의 시책을 백성들이 싫어하여
실행할 수 없으면,
정부의 시책을 어길 수 있으므로
병을 핑계로 하며
지도자 자리를 버려야 한다.

朝令所降, 民心弗悅, 不可以奉行者,
宜稱疾去官.

朝令所降民心弗悅不可以奉
行者宜稱疾去官

월mon 화tue 수wed 목thu 금fri 토sat 일sun   **20** . . .

TODAY'S MESSAGE

봉공6조 선화편

035 공직자로서의 영광과 두려움

중앙 정부의 최고 지도자가
보내 주는 격려와 칭찬의 말은
공직자이자 지방의 지도자로서 영광이고,
정책이나 행동의 오류를 꾸짖는 일이
때때로 일어나는 것은
지도자의 두려움이다.

璽書遠降, 牧之榮也. 責諭時至, 牧之懼也.

璽書遠降牧之榮也責諭時至
牧之懼也

월mon 화tue 수wed 목thu 금fri 토sat 일sun   20 . . .

TODAY'S MESSAGE

봉공6조 수법편

036 법을 굳게 지켜 흔들리지 않으면

법을 지키지 않음은 군주의 명령을 따르지 않는 것이다.
감히 그럴 수가 있겠는가!
법을 굳게 지켜 굽히지도 흔들리지도 않으면,
사람의 욕망을 물리칠 수 있고
올바른 도리를 실천할 수 있다.

不守法, 是不遵君命者也, 其敢爲是乎!
確然持守, 不撓不奪, 便是人慾退聽, 天理流行.

월mon 화tue 수wed 목thu 금fri 토sat 일sun   **20** . . .

TODAY'S MESSAGE

봉공6조 수법편

법에 저촉되는 일은 일체 하지 말라

나라에서 법으로 금지하는 일에 대해서는
몹시 두려워하며 감히 범하는 일이 없도록 해야 한다.
개인적 이익에 유혹되지 않고
위협에 굴복하지 않는 것이
법을 지키는 도리이다.
상급 기관에서 독촉하더라도
법에 저촉되는 일이라면
받아들이지 않아야 한다.

國法所禁, 宜懍懍危懼, 毋敢冒犯. 不爲利誘, 不爲威屈, 守之道也. 雖上司督之, 有所不受.

國法所禁宜懍懍危懼毋敢冒犯不爲利誘不爲威屈守之道也雖上司督之有所不受

월 mon 화 tue 수 wed 목 thu 금 fri 토 sat 일 sun   **20** . . .

TODAY'S MESSAGE

봉공6조 수법편

038 사리에 맞지 않는 법은 수정하라

사람들에게 피해를 주지 않는 법은
잘 지켜서 바꾸지 말고,
일반적으로 사리에 맞는 일은
관례에 따라 없어지지 않도록 해야 한다.
지역 사회에서 통용되어 온 관례는
그 지역 사회에서는 일종의 법이다.
그것이 사리에 맞지 않을 때
그 지역의 공직자나 지도자는
이를 수정·보완하여 지킬 수 있게 해야 한다.

法之無害者, 守而無變, 例之合理者, 遵而勿失.
邑例者, 一邑之法也. 其不中理者, 修而守之.

法之無害者守而無變例之合
理者遵而勿失邑例者一邑之
法也其不中理者修而守之

월mon 화tue 수wed 목thu 금fri 토sat 일sun   **20** .   .   .

TODAY'S MESSAGE

봉공6조 예제편

039 공손한 행위가 예의에 알맞으면

사람 사이에 예의를 통해 교제하는 일은
공직자나 지도자가 신중하게 여긴다.
지도자가 지닌 공손한 행위가 예의에 알맞으면
사람으로서 치욕을 면한다.

禮際者, 君子之所愼也, 恭近於禮, 遠恥辱也.

禮際者君子之所愼也恭近於
禮遠恥辱也

월mon 화tue 수wed 목thu 금fri 토sat 일sun   **20** . . .

TODAY'S MESSAGE

봉공6조 예제편

040 인연에 얽매이지 않고 예의를 지켜라

각 지방에서 최고의 지도자에 해당하는 감사는
법을 집행하는 중요한 공직자이다.
때문에 특별한 사람과 오랜 인연이나 정분이 있더라도
그것을 믿고 두 사람 사이에 예의를 어기거나
행하지 않아서는 안 된다.

監司者, 執法之官, 雖有舊好, 不可恃也.
營下判官於上營, 宜恪恭盡禮, 不可忽也.

監司者執法之官雖有舊好不
可恃也營下判官於上營宜恪
恭盡禮不可忽也

월mon 화tue 수wed 목thu 금fri 토sat 일sun   **20** . . .

TODAY'S MESSAGE

봉공6조 예제편

죄를 다스릴 때는

잘못은 지도자에게 있는데,
상급기관이 하위 공직자에게 그 죄를
다스리라고 할 경우,
공직자는 그 죄수를 다른 지역으로 옮겨
죄를 다스릴 수 있도록 요청해야 한다.

所失在牧, 而上司令牧自治其吏·校者,
宜請移囚.

所失在牧而上司令牧自治其
吏校者宜請移囚

월mon 화tue 수wed 목thu 금fri 토sat 일sun   20 . . .

TODAY'S MESSAGE

봉공6조 예제편

042 잘못을 잘 판단하고 처리하라

이전에 업무를 담당했던 공직자가 단점이나 결점이 있으면
그것을 덮어 주어 드러나지 않도록 하고,
이전의 지도자가 죄가 있으면 그를 도와주어
죄가 되지 않도록 해야 한다.
정치의 과정에서 어떤 정치 행위에 대해 너그럽게 하거나
가혹하게 하는 일, 정책 시행에서 좋은 것과 나쁜 것이 있다.
긍정적이고 부정적인 일은
때로는 계승하고 때로는 변통하여,
그 잘못된 점을 해결해야 한다.

前官有疵, 掩之勿彰, 前官有罪, 補之勿成.
若夫政之寬猛, 令之得失, 相承相變, 以濟其過.

前官有疵掩之勿彰前官有罪
補之勿成若夫政之寬猛令之
得失相承相變以濟其過

월mon 화tue 수wed 목thu 금fri 토sat 일sun   20 . . .

TODAY'S MESSAGE

봉공6조 문보편

043 중요한 문서는 직접 작성하라

중요한 공문서는 정밀하게 생각하여 내용을 직접 써야지
하급 공직자에게 맡겨서는 안 된다.
상급기관이나 다른 기관에 보내는 공문서는
담당 공무원들이 관례에 따라 써서 보내도 좋다.

公移文牒, 宜精思自撰, 不可委之於吏手.
上納·起送·知會·到付之狀, 吏自循例,
付之可也.

公移文牒宜精思自撰不可委
之於吏手上納起送知會到付
之狀吏自循例付之可也

월 mon 화 tue 수 wed 목 thu 금 fri 토 sat 일 sun   20 . . .

TODAY'S MESSAGE

공문서의 내용은 긍정적으로 써라

봉공6조 문보편

다른 기관에 보내는 공문서는
말투를 좋게 다듬어 쓰되,
틈이 나지 않도록 해야 한다.

隣邑移文, 宜善其辭令, 無俾生釁.

隣邑移文宜善其辭令無俾生釁

월mon 화tue 수wed 목thu 금fri 토sat 일sun   20 . . .

TODAY'S MESSAGE

봉공6조 문보편

045 문서는 기록으로 남겨라

상급기관에 올려 보내는 공문서나
하급기관에 내려보내는 공문서들은
마땅히 기록하여 책으로 만들어
훗날 자세하게 검토할 일을 대비하되,
기한이 정해진 내용은
별도로 작은 책으로 만들어야 한다.

上下文牒, 宜錄之爲冊, 以備考檢, 其設期限者,
別爲小冊.

上下文牒宜錄之爲冊以備考
檢其設期限者別爲小冊

월mon 화tue 수wed 목thu 금fri 토sat 일sun   20 . . .

TODAY'S MESSAGE

봉공6조 공납편

046 부정행위를 제대로 관찰하라

모든 재물은 백성에게서 나오고
이를 수납하는 것은 각 기관의 지도자이다.
하급 공직자가 부정을 저지르는지 잘 살피기만 하면
고위급 공직자가 관대하게 하더라도 큰 폐해가 없다.
하지만 하급 공직자가 부정을 저지르는지 살피지 못하면
고위 공직자가 엄하게 하더라도
부정을 막는 데 큰 효과가 없다.

牧民心書

財出於民, 受而納之者, 牧也. 察吏奸,
則雖寬無害, 不察吏奸, 則雖急無益.

財出於民受而納之者牧也察
吏奸則雖寬無害不察吏奸則
雖急無益

월mon 화tue 수wed 목thu 금fri 토sat 일sun   20   .   .   .

TODAY'S MESSAGE

봉공6조 공납편

세금 징수는 잘사는 사람부터

전조나 전포와 같은 각종 세금은
국가 재정을 확보하는 가장 중요한 재원이다.
넉넉하게 잘사는 백성들의 재산에서 세금을 먼저 징수하되,
세금을 거둬들이는 하급 공무원들이
훔쳐 빼돌리지 못하게 해야만
기간 내에 제대로 징수할 수 있다.

田租・田布, 國用之所急須也. 先執饒戶,
無爲吏攘, 斯可以及期矣.

田租田布國用之所急須也先
執饒戶無爲吏攘斯可以及期
矣

월mon 화tue 수wed 목thu 금fri 토sat 일sun   **20** . .

TODAY'S MESSAGE

048 지역 실정을 고려하여 실행하라

봉공6조 공납편

상급기관에서 이치에 맞지 않는 일을
하급기관인 군과 현에 강제로 배정하면,
군현의 지도자는 그 내용을 정확하게 파악하고 이해하여
지역에서 실행할 수 없는 이유를 차근차근 설명하여
실천하지 않도록 해야 한다.

上司以非理之事, 强配郡縣, 牧宜敷陳利害,
期不奉行.

上司以非理之事强配郡縣牧
宜敷陳利害期不奉行

월mon 화tue 수wed 목thu 금fri 토sat 일sun **20** . . .

TODAY'S MESSAGE

봉공6조 왕역편

049 상급기관과 협조 체제를 구축하라

상급기관에서 차출을 요청하면
정당하거나 특별한 일이 아니면
순순히 받들어 행해야 한다.
다른 일이 있다거나 병이 났다고 핑계를 대며
스스로 편하기를 꾀하는 것은
공직자의 도리가 아니다.

上司差遣, 竝宜承順. 託故稱病, 以圖自便,
非君子之義也.

上司差遣竝宜承順託故稱病
以圖自便非君子之義也

| 월mon | 화tue | 수wed | 목thu | 금fri | 토sat | 일sun | 20 . . . |

TODAY'S MESSAGE

봉공6조 왕역편

050 긴급한 사안부터 먼저 구조하라

곡식을 실어 나르는 배가 관리구역 내에서 침몰하면,
불이 난 곳에서 물건을 구해 내듯이 곡식을 건져 내야 한다.
표류하는 배가 있어 그 상황을 물으면,
그것은 사정은 급하고 행하기 어려운 일이니
지체 없이 달려가야 한다.

漕船臭載, 在於吾境, 其拯米·曬米, 宜如救焚.

漂船問情, 機急而行艱, 勿庸遲滯, 爭時刻以赴.

漕船臭載在於吾境其拯米曬
米宜如救焚漂船問情機急而
行艱勿庸遲滯爭時刻以赴

월mon 화tue 수wed 목thu 금fri 토sat 일sun   20 . . .

TODAY'S MESSAGE

애민6조 양로편

051 노인을 위한 복지 정책을 진지하게

노인을 존중하고 봉양하는 예의나 제도가 폐지된 후,
사람들은 효도에 무관심해졌다.
공직자로서 지역사회의 주민을 대표하는 지도자는
이런 점을 다시 생각할 필요가 있다.
그러나 정부나 기관의 재원이 부족할 경우,
노인을 위한 복지의 범위를 무조건 넓히는 것은 곤란하다.

養老之禮廢, 而民不興孝, 爲民牧者,
不可以不擧也. 力詘而擧贏, 不可廣也.

養老之禮廢而民不興孝爲民
牧者不可以不擧也力詘而擧
贏不可廣也

월mon 화tue 수wed 목thu 금fri 토sat 일sun   20 . . .

TODAY'S MESSAGE

애민6조 양로편

052 절차에 따라 노인 우대 정책을 펴라

노인을 존중하고 봉양하는 예의나 제도에는
반드시 절차가 있는데,
노인들이 겪고 있는 어려움이나 질병에 대해 묻고,
예의나 제도에 맞추어 시행해야 한다.
수시로 노인을 우대하는 정책을 시행하면
사람들이 노인을 공경하는 법을 알 것이다.

養老之禮, 必有乞言, 詢瘼問疾, 以當斯禮.
以時行優老之惠, 斯民知敬老矣.

養老之禮必有乞言詢瘼問疾
以當斯禮以時行優老之惠斯
民知敬老矣

월mon 화tue 수wed 목thu 금fri 토sat 일sun   20 . . .

TODAY'S MESSAGE

애민6조 자유편

빈곤층을 자식처럼 보살펴라

사람들이 가난하고 궁핍한 생활에 시달리면
자식을 낳아도 제대로 보살피지 못하니,
지도자는 이들을 타이르고 길러 내
자식처럼 보호해야 한다.
흉년이 든 해에는 자식을 물건 버리듯이 하니,
지도자는 빈곤층을 거두어 주고 길러 주어,
그들의 부모 노릇을 해야 한다.

民旣困窮, 生子不擧, 誘之育之, 保我男女.
歲値荒儉, 棄兒如遺, 收之養之, 作民父母.

월mon 화tue 수wed 목thu 금fri 토sat 일sun   20 . . .

TODAY'S MESSAGE

애민6조 자유편

054 힘을 합쳐 가난한 사람을 보호하라

흉년이 들어 굶어 죽는 사람이 속출하는 때가 아닌데도
자식을 버리는 자가 있을 경우,
민간에서 그들을 거두어 보호할 사람을 모집하되,
국가기관에서 그들에게 식량을 보조해 주어야 한다.

若非饑歲而有遺棄者, 募民收養, 官助其糧.

若非饑歲而有遺棄者募民收養官助其糧

월mon 화tue 수wed 목thu 금fri 토sat 일sun   **20**   .   .   .

TODAY'S MESSAGE

애민6조 진궁편

사회적 약자를 배려하라

홀아비·과부·고아·늙어서 자식이 없는 사람 등과 같은 사회적 약자는 빈궁하여 스스로 일어날 수 없고, 남의 도움을 받아야 생활할 수 있다.

鰥·寡·孤·獨, 謂之四窮, 窮不自振,
待人以起.

월mon 화tue 수wed 목thu 금fri 토sat 일sun   **20**   . .

TODAY'S MESSAGE

애민6조 진궁편

056 결혼 정책에 깊은 관심을 가져라

혼인 적령기를 넘길 때까지 혼인을 하지 못한 사람은
국가에서 관심을 가져야 한다.
혼인을 장려하는 정책은 옛날부터 내려오는 전통이고,
공공기관의 지도자는 보다 깊은 관심을 가져야 한다.

過歲不婚娶者, 官宜成之. 勸婚之政,
是我列聖遺法, 令長之所宜恪遵也.

過歲不婚娶者官宜成之勸婚
之政是我列聖遺法令長之所
宜恪遵也

월mon 화tue 수wed 목thu 금fri 토sat 일sun   20 . . .

TODAY'S MESSAGE

애민6조 애상편

극빈층이 상을 당하면 국가가 지원하라

상을 당한 사람에게는 요역*을
감면해 주는 것이 일반적인 도리이다.
지극히 궁핍하고 가난하여 죽어도 염을 하지 못하고
개천이나 구렁텅이에 내버려질 형편인 사람에게는
국가에서 지원하여 장례를 지낼 수 있도록 해야 한다.

* 鐲徭 요역 나라에서 장정에게 구실 대신 시키던 노동.

有喪蠲徭, 古之道也. 民有至窮極貧, 死不能斂, 委之溝壑者, 官出錢葬之.

有喪蠲徭古之道也民有至窮極貧死不能斂委之溝壑者官出錢葬之

| 월 mon | 화 tue | 수 wed | 목 thu | 금 fri | 토 sat | 일 sun | **20** . . .

TODAY'S MESSAGE

애민6조 애상편

058 흉년이나 전염병으로 죽으면

흉년으로 굶어 죽거나 전염병으로 사망자가 속출하면
이들을 거두어 매장해 주고 구휼도 함께 시행해야 한다.
비참한 사연이 눈에 띄어 불쌍한 마음에 견딜 수 없으면,
즉시 구제해야 한다.

其或饑饉癘疫, 死亡相續, 收瘞之政,
與賑恤偕作. 或有觸目生悲, 不堪悽惻,
卽宜施恤, 勿復商度.

其或饑饉癘疫死亡相續收瘞之
政與賑恤偕作或有觸目生悲不
堪悽惻卽宜施恤勿復商度

월mon 화tue 수wed 목thu 금fri 토sat 일sun   **20**   .   .   .

TODAY'S MESSAGE

애민6조 관질편

059 불치병자와 응급환자를 보살펴라

고칠 수 없는 불치병과 위독한 응급환자에게는
조세와 요역을 면제해 주어야 한다.
곱사등이나 불치병을 앓고 있는 사람들 가운데
자력으로 생활할 수 없는 경우에는
의지할 곳과 살아갈 수 있도록 길을 터 주어야 한다.

廢疾篤疾者, 免其征役. 罷癃殘疾,
力不能自食者, 有寄有養.

월mon 화tue 수wed 목thu 금fri 토sat 일sun   20 . . .

137

TODAY'S MESSAGE

애민6조 관질편

060 국가 차원의 재난 구조 방책을 마련하라

염병이나 천연두와 같은 전염병, 각종 질병으로
사망하거나 요절한 때,
천재지변이 발생하여 어려움에 처했을 때는
당연히 국가에서 구조해야 한다.
유행성 전염병이 돌면 사망하는 사람이 아주 많을 것이니,
이들을 구하여 치료하고
매장해 주는 사람에게는 보상책을 마련해야 한다.

瘟疫・麻疹及諸民病, 死亡夭札, 天災流行,
宜自官救助. 流行之病, 死亡過多. 救療埋葬者,
宜請賞典.

瘟疫麻疹及諸民病死亡夭札天
災流行宜自官救助流行之病死
亡過多救療埋葬者宜請賞典

월mon 화tue 수wed 목thu 금fri 토sat 일sun   **20** . . .

TODAY'S MESSAGE

애민6조 구재편

061 기관장은 재난 대비책을 세워라

수재나 화재가 발생했을 때는
나라에서 구휼할 수 있는 제도를 마련하고 있어
그것을 행하면 된다.
이외의 재난에 대해 일정한 규정이 없는 경우에는
공공기관장이 재량으로 구제책을 모색해야 한다.

水火之災, 國有恤典, 行之惟謹, 宜於恒典之外,
牧自恤之.

水火之災國有恤典行之惟謹
宜於恒典之外牧自恤之

월mon 화tue 수wed 목thu 금fri 토sat 일sun   20   .   .   .

TODAY'S MESSAGE

애민6조 구재편
재해를 예방하고 편히 살도록

환란이 발생할 것을 생각하고 예방하는 일이
재앙을 당한 뒤 은혜를 베푸는 것보다 낫다.
재해가 사라지고 난 후 사람들을 다독거리고
편안히 모여 살도록 하는 것이
지도자의 주요한 임무이다.

思患而預防, 又愈於旣災而施恩. 其害旣去,
撫綏安集, 是又民牧之仁政也.

思患而預防又愈於旣災而施
恩其害旣去撫綏安集是又民
牧之仁政也

월mon 화tue 수wed 목thu 금fri 토sat 일sun   20   .   .   .

TODAY'S MESSAGE

이전6조 속리편

자신이 올바르지 못하면

하급 공무원을 단속하는 기본은
지도자 자신이 처신을 올바르게 하는 데 달려 있다.
자신이 올바르면 명령하지 않아도 잘 시행되고,
자신이 올바르지 못하면
아무리 명령해도 제대로 시행되지 않는다.
예의로 정연하게 하고 은혜로 대우한 다음
법률로 단속해야 한다.

束吏之本, 在於律己. 其身正, 不令而行, 其身不正,
雖令不行. 齊之以禮, 接之有恩, 然後束之以法,

束吏之本在於律己其身正不令
而行其身不正雖令不行齊之以
禮接之有恩然後束之以法

월mon 화tue 수wed 목thu 금fri 토sat 일sun   20 . . .

TODAY'S MESSAGE

이전6조 어중편

위엄과 신의로 부하를 통솔하라

부하를 통솔하는 방법은
위엄과 신의뿐이다.
위엄은 청렴에서 생기고
신의는 충성에서 나온다.
충성스러우면서 청렴할 수 있다면
부하를 복종시키기에 충분하다.

馭衆之, 威信而已. 威生於廉, 信由於忠, 忠而能廉,
斯可服衆矣.

馭衆之威信而已威生於廉信
由於忠忠而能廉斯可服衆矣

월mon 화tue 수wed 목thu 금fri 토sat 일sun   **20**   .   .   .

TODAY'S MESSAGE

이전6조 용인편

 065 인재를 등용하여 적절하게 배치하라

나라를 다스리는 일은 인재를 임용하는 데 달려 있다.
지방의 군과 현이 규모가 작지만
인재를 임용하는 일은 나라와 다르지 않다.
공공기관장의 보좌관은
반드시 한 지역에서 가장 착한 사람을 골라
그 사람의 능력에 맞는 직책에 있게 해야 한다.

爲邦在於用人, 郡縣雖小, 其用人無以異也.
鄕丞者, 縣令之輔佐也. 必擇一鄕之善者,
俾居是職.

爲邦在於用人郡縣雖小其用人
無以異也鄕丞者縣令之輔佐也
必擇一鄕之善者俾居是職

월mon 화tue 수wed 목thu 금fri 토sat 일sun   **20** . . .

TODAY'S MESSAGE

이전6조 용인편

사람의 특성을 잘 살펴라

아첨을 잘하는 자는 충성스럽지 못하고,
간쟁을 좋아하는 자는 배반하지 않는다.
이런 사람의 특성을 잘 살피면 실수하는 일이 적다.

善諛者不忠, 好諫者不偝. 察乎此則鮮有失矣.

善諛者不忠好諫者不偝察乎
此則鮮有失矣

월mon 화tue 수wed 목thu 금fri 토sat 일sun   20 . . .

TODAY'S MESSAGE

067 훌륭한 사람을 추천하라

이전6조 거현편

훌륭한 사람을 추천하는 일은 공직자의 책무이다.
제도는 시대마다 다를 수 있지만
훌륭한 사람을 추천하는 일만은 잊어서는 안 된다.
지식이 밝고 행실이 탁월하며
행정 능력이 있는 사람을 추천하는 일은
국가에서 정한 법이 있으니,
그 지역사회에서 이미 드러난 착한 지식인을
덮어 두어서는 안 된다.

牧民心書

擧賢者, 守令之職. 雖古今殊制,
而擧賢不可忘也. 經行·吏才之薦, 國有恒典,
一鄕之善, 不可蔽也.

擧賢者守令之職雖古今殊制而
擧賢不可忘也經行吏才之薦國
有恒典一鄕之善不可蔽也

월mon 화tue 수wed 목thu 금fri 토sat 일sun   **20** . . .

TODAY'S MESSAGE

이전6조 거현편

068 지역사회의 지성인을 존중하라

그 지역사회에 덕행을 독실하게 닦는 지성인이 있으면,
지역사회의 공직자나 지도자는
직접 그 사람을 방문하고 자문을 구하며
예의를 갖추며 모실 필요가 있다.

牧民心書

部内有經行篤修之士, 宜躬駕以訪之, 時節存問, 以修禮意.

部内有經行篤修之士宜躬駕
以訪之時節存問以修禮意

월mon 화tue 수wed 목thu 금fri 토sat 일sun   **20** . . .

TODAY'S MESSAGE

069 눈과 귀를 사방으로 열어라

이전6조 찰물 편

공직자 가운데 기관장인 지도자의 자리는 외롭다.
자신이 앉은 자리 이외에는 모두 속이는 자들뿐이다.
눈을 사방으로 크게 뜨고
귀를 사방을 열어 놓아야만 한다.

牧子然孤立, 一榻之外, 皆欺我者也. 明四目, 達四聰.

牧子然孤立一榻之外皆欺我者也明四目達四聰

월mon 화tue 수wed 목thu 금fri 토sat 일sun   20 . . .

TODAY'S MESSAGE

이전6조 찰물편

070 실수를 눈감아 주되 부정을 적발하라

공직자나 지도자는 백성들의 조그마한 실수나
작은 흠은 눈감아 주어야 한다.
지나치게 밝히는 것은 진정하게 지혜로운 행동이 아니다.
가끔 부정을 적발하되 귀신처럼 기민해야
사람들이 두려워할 것이다.

細過小疵, 宜含垢藏疾, 察察非明也. 往往發奸,
其機如神, 民斯畏之矣.

細過小疵宜含垢藏疾察察非
明也往往發奸其機如神民斯
畏之矣

월mon 화tue 수wed 목thu 금fri 토sat 일sun   **20** . . .

TODAY'S MESSAGE

이전6조 고공편

071 하급 공무원들의 고과를 철저히 하라

하급 공무원들이 하는 일도
반드시 그 공적을 고과해야 한다.
공직자의 공적을 고과하지 않으면
백성을 권면할 수 없다.
국가의 법령에 없는 문제를 혼자서 행할 수는 없지만,
그 공과를 적어 두었다가
연말에 그 공적을 고과하여 상을 주면
하지 않는 것보다 낫다.

吏事必考其功. 不考其功, 則民不勸. 國法所無,
不可獨行, 然書其功過, 歲終考功, 以議施賞,
猶賢乎已也.

吏事必考其功不考其功則民不勸
國法所無不可獨行然書其功過歲
終考功以議施賞猶賢乎已也

월mon 화tue 수wed 목thu 금fri 토sat 일sun   **20** . . .

TODAY'S MESSAGE

이전6조 고공편

072 인사 고과를 할 수 있는 임기를 보장하라

공공기관장의 임기는 6년으로 정해야 한다.
기관장의 임기가 길어야만 고과와 공적을 논의할 수 있다.
그렇지 않으면 신상필벌을 통해 다스릴 수밖에 없다.

六期爲斷. 官先久任而後, 可議考功. 如其不然, 唯信賞必罰, 使民信令而已.

六期爲斷官先久任而後可議考功如其不然唯信賞必罰使民信令而已

월mon 화tue 수wed 목thu 금fri 토sat 일sun   **20**   . . .

TODAY'S MESSAGE

호전6조 곡부편

담당 공직자가 농간을 부리지 못하게

상류가 흐리면 하류가 맑기 어렵다.
하급 공무원들이 농간 부리는 방법을 갖출 대로 갖추게 되면
그 귀신같은 간계를 살필 길이 없다.
흉년에 세금을 징수하는 기한을 미루는 것을
모든 사람에게 골고루 혜택이 가게 해야 한다.
세금 징수를 담당한 하급 공무원이
제멋대로 행동하게 해서는 안 된다.

上流旣濁, 下流難淸. 胥吏作奸, 無法不具,
神姦鬼猾, 無以昭察. 凶年停退之澤,
宜均布萬民, 不可使逋吏專受也.

월mon 화tue 수wed 목thu 금fri 토sat 일sun   **20** . . .

TODAY'S MESSAGE

호전6조 호적편

074 호구조사는 철저하고 정확하게

호적은 모든 세금 징수의 근거이고 온갖 요역의 기초이다.
때문에 호적이 균평하게 된 다음에야
세금과 요역이 고르게 정해진다.
호적을 정리하려면 먼저 호구조사를 실시하여
그 실제를 두루 파악해야 한다.

> 户籍者, 諸賦之源, 衆徭之本, 户籍均而後, 賦役均. 將整户籍, 先察家坐. 周知虛實

户籍者諸賦之源衆徭之本户
籍均而後賦役均將整户籍先
察家坐周知虛實

월mon 화tue 수wed 목thu 금fri 토sat 일sun   20   .   .   .

TODAY'S MESSAGE

호전6조 평부편

백성의 부담을 가볍게 하라

교묘하게 명목을 세워 공직자의 주머니로
들어가는 것은 모두 없애고,
세금의 여러 명목 가운데 과도하거나
허위로 만들어진 것은 삭제하여
백성의 부담을 가볍게 해 주어야 한다.

其巧設名目, 以歸官橐者, 悉行蠲減. 乃就諸條, 刪其濫僞, 以輕民賦.

其巧設名目以歸官橐者悉行
蠲減乃就諸條刪其濫僞以輕
民賦

월mon 화tue 수wed 목thu 금fri 토sat 일sun   **20** . . .

TODAY'S MESSAGE

예전6조 교민편

백성을 교화하라

공직자나 지도자의 직분은 백성을 교화하는 데 있을 뿐이다.
생산물을 균등하게 하는 것도 가르치기 위함이고,
부역을 공평히 하는 것도 가르치기 위함이다.
공공기관을 만들어 기관장을 두는 것도 가르치기 위함이고,
형벌을 밝히고 법률을 정비하는 일도 가르치기 위함이다.

民牧之職, 敎民而已. 均其田産, 將以敎也,
平其賦役, 將以敎也. 設官置牧,
將以敎也, 明罰飭法, 將以敎也.

民牧之職敎民而已均其田産將以
敎也平其賦役將以敎也設官置牧
將以敎也明罰飭法將以敎也

월mon 화tue 수wed 목thu 금fri 토sat 일sun   20 . . .

TODAY'S MESSAGE

예전6조 흥학편

077 지식교육에만 빠지지 말고

옛날의 학교에서는 삶에 필요한
전반적 기예인 예악을 익혔는데,
지금은 예악이 붕괴되어
학교에서 가르치는 것이라고는
지식을 습득하는 독서를 할 뿐이다.

古之所謂學校者, 習禮焉, 習樂焉. 今禮壞樂崩, 學校之敎, 讀書而已.

월mon 화tue 수wed 목thu 금fri 토sat 일sun   **20**   . . .

TODAY'S MESSAGE

예전6조 흥학편

스승을 존중하고 배움에 매진하라

학문은 스승에게 배우는 일이므로
스승이 있은 뒤에 배움이 있다.
덕망 있는 사람을 초빙하여 스승으로 삼은 다음에
학문하는 규칙이나 규정을 의논할 수 있다.

學者, 學於師也. 有師而後有學, 招延宿德, 使爲師長, 然後學規, 乃可議也.

學者學於師也有師而後有學
招延宿德使爲師長然後學規
乃可議也

월mon 화tue 수wed 목thu 금fri 토sat 일sun   **20**   .   .   .

TODAY'S MESSAGE

예전6조 변등편

사람의 등급을 정확하게 구별하라

사람의 등급을 변별하는 일은
백성의 뜻을 안정시키는 핵심이다.
등급이 제대로 밝혀지지 않아
지위나 급수가 어지러워지면
민심이 흩어져
기강이 세워지지 않는다.

辨等者, 安民定志之要義也. 等威不明,
位級以亂, 則民散而無紀矣.

辨等者安民定志之要義也等
威不明位級以亂則民散而無
紀矣

월mon 화tue 수wed 목thu 금fri 토sat 일sun   **20** . . .

TODAY'S MESSAGE

예전6조 변등편

사람을 구별하되 실정을 살펴라

사람의 족속에도 귀함과 천함이 있으므로
그 등급을 분별해야 한다.
시대의 추세에도 강함과 약함이 있으니
그 실정을 살펴야 한다.
이 두 가지 가운데 어느 한쪽으로 치우치거나
그만두어서는 안 된다.

族有貴賤, 宜辨其等, 勢有强弱, 宜察其情. 二者, 不可以偏廢也.

族有貴賤宜辨其等勢有强弱
宜察其情二者不可以偏廢也

월 mon 화 tue 수 wed 목 thu 금 fri 토 sat 일 sun   **20** . . .

TODAY'S MESSAGE

예전6조 과예 편

인재 선발 방식을 바꿔라

과거 시험공부에 치중하는 학문은
사람의 마음을 무너뜨리는 것이다.
그러나 인재를 선발하는 방식을 고치지 않는 한,
과거 시험 공부를 되풀이할 수밖에 없다.

科擧之學, 壞人心術, 然選擧之法未改,
不得不勸其肄習.

科擧之學壞人心術然選擧之
法未改不得不勸其肄習

월mon 화tue 수wed 목thu 금fri 토sat 일sun   **20** . . .

TODAY'S MESSAGE

병전6조 첨정편

082 부정의 소지가 있을 때는

포목을 거두는 날에는 기관장이 직접 받아야 한다.
하급 공무원에게 맡기면 포목 징수를 심하게 하여
백성들의 비용이 갑절이나 늘게 된다.

收布之日, 牧宜親受. 委之下吏, 民費以倍.

收布之日牧宜親受委之下吏
民費以倍

월mon 화tue 수wed 목thu 금fri 토sat 일sun   20 . . .

TODAY'S MESSAGE

병전6조 첨정편

083 군대를 면제받으려는 자는

족보를 위조하고 공직자 문서를 몰래 사서
군대를 면제받으려는 자는
반드시 징계해야 한다.

僞造族譜, 盜買職牒, 圖免軍簽者,
不可以不懲也.

僞造族譜盜買職牒圖免軍簽
者不可以不懲也

월mon 화tue 수wed 목thu 금fri 토sat 일sun   **20** . .

TODAY'S MESSAGE

형전6조 청송편

084 소송에 관한 사안을 성실하게

소송을 듣는 일의 근본은 뜻을 성실히 하는 성의에 있고,
성의의 근본은 홀로 있을 때를 삼가는 신독*에 있다.
이 소송을 듣는 일은 지도자가 스스로 본보기가 되어야 하는데,
백성을 가르쳐 잘못을 바로잡아 주는 일 또한
송사를 없애는 일이다.

* 愼獨 신독 홀로 있을 때에도 어그러짐이 없이 몸가짐을 바로 함.

聽訟之本, 在於誠意, 誠意之本, 在於愼獨.
其次律身, 戒之誨之, 枉者伸之, 亦可以無訟矣.

聽訟之本在於誠意誠意之本
在於愼獨其次律身戒之誨之
枉者伸之亦可以無訟矣

월mon 화tue 수wed 목thu 금fri 토sat 일sun   20   .   .

TODAY'S MESSAGE

형전6조 청송편

085 송사 결정은 반드시 신중하게 하라

송사를 물 흐르는 것처럼 쉽게 처리하는 일은
타고난 자질이 있어야 하지만 그 방법은 몹시 위험하다.
송사를 분명하게 처리하는 일은 마음을 다하는 데 있지만
그 방법은 사실에 부합해야만 한다.
그러므로 송사를 줄이려는 사람은
그 판결을 반드시 더디게 하는데,
한번 신중하게 판결하여
다시는 그런 일이 일어나지 않도록 하기 위해서이다.

聽訟如流, 由天才也, 其道危.

聽訟必核盡人心也, 其法實. 故欲詞訟簡者,

其斷必遲, 爲一斷而不復起也.

월mon 화tue 수wed 목thu 금fri 토sat 일sun   20 . . .

189

TODAY'S MESSAGE

형전6조 청송편

소송의 내용을 차근차근 살펴보라

소송이 있을 경우,
황급하게 달려와 고하는 자의 말을
그대로 믿어서는 안 된다.
소송한 내용에 대응하기를 여유 있게 하여,
차근차근 그 사실을 살펴야 한다.

牧民心書

有訴訟, 其急疾奔告者, 不可傾信, 應之以緩, 徐察其實.

有訴訟其急疾奔告者不可傾
信應之以緩徐察其實

월mon 화tue 수wed 목thu 금fri 토sat 일sun   20 . . .

TODAY'S MESSAGE

형전6조 청송편

087 윤리도덕에 관한 송사는

인륜에 관한 송사의 경우에는
윤리도덕에 관계되는 내용을
반드시 가려내 밝혀야 한다.
골육 간에 다투어 의리를 잊고
재물을 탐내는 자에 대한 징계는
매우 엄중해야 한다.

人倫之訟, 係關天常者, 辨之宜明. 骨肉之爭, 忘義殉財者, 懲之宜嚴.

人倫之訟係關天常者辨之宜
明骨肉之爭忘義殉財者懲之
宜嚴

월 mon 화 tue 수 wed 목 thu 금 fri 토 sat 일 sun   20 . . .

TODAY'S MESSAGE

형전6조 청송편

088 토지 관련 송사는 가장 공정하게

토지와 관련한 송사는
백성이 살아가는 바탕과 관계되는 것이므로,
매우 공정하게 이루어져야 백성이 따르게 된다.
재물을 다투는 부류의 송사로 문서상 증거가 없는 것은,
그 진실과 허위 여부를 살피면 사실을 숨길 수 없게 된다.

田地之訟, 民産所係, 一循公正, 民斯服矣.
財帛之訟, 券契無憑, 察其情僞, 物無遁矣.

田地之訟民産所係一循公正
民斯服矣財帛之訟券契無憑
察其情僞物無遁矣

월mon 화tue 수wed 목thu 금fri 토sat 일sun   20 . . .

TODAY'S MESSAGE

공전6조 도로 편

사람이 편리하게 다닐 수 있게

도로를 보수하여 길 가는 나그네가
그 길로 다닐 수 있게 만드는 것도
훌륭한 지도자의 정치이다.

牧民心書 | 修治道路, 使行旅, 願出於其路, 亦良牧之政也.

修治道路使行旅願出於其路
亦良牧之政也

월mon 화tue 수wed 목thu 금fri 토sat 일sun   **20** . . .

TODAY'S MESSAGE

진황6조 비자편

백성을 구제하는 정치를 늘 예비하라

흉년에 백성을 구제하는 정책은
전통적으로 지도자들이 마음을 다하던 일로
공직자의 자질을 확인할 수 있는 근거이다.
흉년에 백성을 구제하는 정치를 잘해야
공직자로서 일을 다 했다고 볼 수 있다.
백성을 구제하는 정치는
예비하는 것이 가장 중요하다.

荒政, 先王之所盡心, 牧民之才, 於斯可見.
荒政善而牧民之能事, 畢矣. 救荒之政,
莫如乎預備, 其不預備者, 皆苟焉而已.

월mon 화tue 수wed 목thu 금fri 토sat 일sun   **20** . . .

TODAY'S MESSAGE

진황6조 비자편

형편에 따라 창고를 열어 구제하라

상급기관의 명령을 기다리지 않고
형편에 따라 창고를 열어 곡식을 방출하는 것이
구제 정책의 전통이다.

不俟詔令, 便宜發倉, 古之義也, 使臣之行也.

월mon 화tue 수wed 목thu 금fri 토sat 일sun   **20** . . .

TODAY'S MESSAGE

해관6조 체대편

092 자리가 교체되면 미련 없이 떠나라

공직자의 자리는 반드시 교체되기 마련이다.
자리가 교체되어도 놀라지 않고
지위를 잃어도 미련을 갖지 않으면
백성들은 그런 지도자를 공경한다.
벼슬자리를 헌신짝처럼 버리는 것은 옛사람의 의리인데,
자리가 교체되었다고 슬퍼한다면
부끄러운 일 아닌가?

官必有遞, 遞而不驚, 失而不戀, 民斯敬之矣.
棄官如蹝, 古之義也. 旣遞而悲, 不亦羞乎?

官必有遞遞而不驚失而不戀
民斯敬之矣棄官如蹝古之義
也旣遞而悲不亦羞乎

월mon 화tue 수wed 목thu 금fri 토sat 일sun   **20** . . .

TODAY'S MESSAGE

해관6조 체대편

093 평소에 공문서를 깔끔하게 정돈하라

평소에 공문서나 장부를 정리해 두고
바로 떠나도 문제가 없게 하는 것은
맑은 지도자의 기풍이다.
공문서나 장부를 청렴하고 밝게 정돈하여 마감하고
뒤에 근심이 없게 하는 것은
지혜로운 공직자의 행동이다.

治簿有素, 明日遂行, 淸士之風也. 勘簿廉明,
俾無後患, 智士之行也.

治簿有素明日遂行淸士之風
也勘簿廉明俾無後患智士之
行也

월mon 화tue 수wed 목thu 금fri 토sat 일sun   20 . . .

TODAY'S MESSAGE

해관6조 귀장편

임기를 마치고 돌아가는 모습은

깨끗한 공직자가 임기를 마치고 돌아가는 모습은
가뿐하게 깨끗하여,
낡은 수레를 마른 말이 몰고 가더라도
맑은 바람이 그 사람을 감싸 돈다.

淸士歸裝, 脫然瀟灑, 敝車羸馬, 其淸飆襲人.

淸士歸裝脫然瀟灑敝車羸馬
其淸飆襲人

월mon 화tue 수wed 목thu 금fri 토sat 일sun   20 . . .

TODAY'S MESSAGE

해관6조 원류편

095 역사책에 남을 목민관이 되라

떠나가는 지도자를 애석하게 여겨
간절하게 길을 막고 더 머무르기를 원하는,
광채를 역사책에 남겨 후세에 전하게 하는 일은
말로만 떠든다고 되는 것은 아니다.

惜去之切, 遮道願留, 流輝史冊, 以照後世,
非聲貌之所能爲也.

월mon 화tue 수wed 목thu 금fri 토sat 일sun   20   .   .   .

TODAY'S MESSAGE

해관6조 원류편

명성으로 인해 서로 모셔 가게

명성이 드러나 이웃 지역에서 얻기를 청하거나,
두 지역에서 서로 얻기를 다툰다면
이는 훌륭한 지도자로 평가받는 근거가 된다.
백성이 사랑하고 사모하기 때문에,
혹은 그 치적으로 다시 지역에 가게 되면
역사책에 빛나는 지도자로 남는다.

聲名所達, 或鄰郡乞借, 或二邑相爭,
此賢牧之光價也. 因民愛慕, 以其聲績, 得再莅
斯邦, 亦史冊之光也.

월mon 화tue 수wed 목thu 금fri 토sat 일sun   20   .   .   .

TODAY'S MESSAGE

해관6조 은졸편

097 훌륭한 지도자의 아름다운 마무리

근무지에 있을 때 죽어서
맑은 덕행이 더욱 빛나고,
그를 모시던 공직자들과 백성이 슬퍼하여
상여를 붙잡고 부르짖어 울며,
오래되어도 그 은혜를 잊지 못하는 것은
훌륭한 지도자의 아름다운 마무리이다.

在官身沒而淸芬益烈, 吏·民哀悼, 攀輴號咷,
旣久而不能忘者, 賢牧之有終也.

在官身沒而淸芬益烈吏民哀
悼攀輴號咷旣久而不能忘者
賢牧之有終也

월mon 화tue 수wed 목thu 금fri 토sat 일sun   **20**   .   .   .

TODAY'S MESSAGE

해관6조 유애편

기억에 남는 지도자가 되라

지도자를 사랑하여 잊지 못하고,
백성들이 그 지도자의 성을 따서 아들의 이름을 짓는 일은
이른바 '백성의 정서를 크게 볼 수 있다'는 말이다.
떠나간 지 오랜 뒤에 다시 그 지역을 지날 때,
백성들이 반갑게 맞아 먹을 것을 잔뜩 가져다 줄 때
말몰이꾼조차도 빛이 난다.

愛之不諼, 爰取侯姓, 以名其子者,
所謂民情大可見也. 旣去之久, 再過茲邦,
遺黎歡迎, 壺簞滿前, 亦僕御有光.

월mon 화tue 수wed 목thu 금fri 토sat 일sun   **20** . . .

TODAY'S MESSAGE

해관6조 유애편

임기를 마치고 간 후에 사모하는 것은

많은 사람들의 칭송이 오래도록 그치지 않으면
그 지도자가 어떤 정치를 실천했는지 알 수 있다.
근무를 할 때는 혁혁한 명예가 없고,
임기를 마치고 간 뒤에 사모하는 것은
공을 자랑하지 않고
남모르게 착한 일을 했기 때문이 아니겠는가?

輿人之誦, 久而不已, 其爲政可知已. 居無赫譽,
去而後思, 其唯不伐而陰善之乎?

輿人之誦久而不已其爲政可
知已居無赫譽去而後思其唯
不伐而陰善之乎

월mon 화tue 수wed 목thu 금fri 토sat 일sun **20** . . .

TODAY'S MESSAGE

해관6조 유애편

지도자가 지닌 덕망의 증거

훌륭한 사람이 가는 곳에는
그를 따르는 사람이
시장에 사람이 모이듯이 많고,
임무를 마치고 돌아와도 따르는 사람이 있다.
그것이 그 지도자가 지닌 덕망의 증거이다.

仁人所適, 從者如市, 歸而有隨, 德之驗也.

仁人所適從者如市歸而有隨
德之驗也

월mon 화tue 수wed 목thu 금fri 토sat 일sun   **20** . . .

TODAY'S MESSAGE

 목민심서 편명 풀이

부임赴任

제배除拜 수령에 임명됨
치장治裝 고을에 부임할 때의 행장
사조辭朝 수령에 임명된 자가 임금께 하직 인사함
계행啓行 부임길로 떠나며 지켜야 할 사항들
상관上官 근무지 도착함
이사莅事 수령이 부임하여 실무를 보는 일

봉공奉公

선화宣化 임금이 교화를 펴는 일
수법守法 법을 지키는 일
예제禮際 예의로 사람을 상대함
문보文報 여러 가지 공문서
공납貢納 공물을 바치는 일
왕역往役 일상 업무 이외의 일에 차출됨

율기律己

칙궁飭躬 자기 몸가짐을 가다듬는 일
청심淸心 청렴한 마음가짐
제가齊家 가정을 바르게 다스리는 것
병객屛客 외부로부터의 청탁을 물리침
절용節用 씀씀이를 절약함
낙시樂施 은혜 베풀기를 즐거워하는 일

애민愛民

양로養老 노인을 존경하고 우대함
자유慈幼 어린 아이를 돌보아 양육함
진궁振窮 빈궁한 사람을 구제함
애상哀喪 상시를 당한 사람을 보살펴 줌
관질寬疾 장애자나 병자에게 국가 요역을 면제함
구재救災 재난을 구재하는 일

이전吏典

속리束吏 지방 관리 단속에 관한 일
어중御衆 부하 통솔에 관한 일
용인用人 인사에서 적격자 선발에 관한 일
거현擧賢 훌륭한 사람을 선발하여 천거하는 일
찰물察物 관내의 일은 빠짐없이 알아야 함
고공考功 관리의 근무 성적을 평가하는 일

호전戶典

곡부穀簿 백성 구제 목적의 곡식 장부
호적戶籍 호적을 바르게 작성함
평부平賦 부역을 균등하게 함

예전禮典

교민敎民 백성을 교화하고 교육함
흥학興學 학교를 세우고 덕망 있는 스승을 초빙함
변등辨等 계급에 따른 신분과 본분 설정
과예課藝 과거 공부에 관한 인재 선발 고민

병전兵典

첨정簽丁 군사를 뽑고 군포를 거두어들이는 일

형전刑典

청송聽訟 송사 처리의 방식

공전工典

도로道路 도로 교량 등의 시설 관리

진황賑荒

비자備資 흉년 대비책

해관解官

체대遞代 수령 자리에서 교체됨
귀장歸裝 임기를 마치고 돌아감
원류願留 수령의 유임을 원함
은졸隱卒 수령이 임지에서 죽었을 때 백성들이 서러워함
유애遺愛 백성이 사랑하고 사모하는 유풍

『與猶堂全書』

『牧民心書』

茶山研究會 譯註, 『譯註 牧民心書』(Ⅰ-Ⅴ), 창작과비평사

신창호, 『정약용의 고해』, 추수밭

한국고전번역원, 〈한국고전종합DB〉

223

2018년 6월 25일 제1판 제1쇄 발행

원저자 정약용 **엮은이** 신창호 **펴낸이** 강봉구
펴낸곳 비단길 **등록번호** 제406-2013-0000801호

주소 10880 경기도 파주시 신촌로 21-30(신촌동) **전화** 070-4067-8560
팩스 0505-499-8560 **홈페이지** http://cafe.daum.net/littlef2010
페이스북 http://www.facebook.com/littlef2010 **이메일** littlef2010@daum.net

ISBN 979-11-6035-047-0 13190
값은 뒤표지에 있습니다.

※이 책은 저작권법에 따라 보호받는 저작물이므로 무단 전재와 무단 복제를 금합니다.
※이 책의 전부 또는 일부를 이용하려면 반드시 저작권자와 '비단길'의 동의를 받아야 합니다.

엮은이 | 신창호

동서양 고전을 시대정신에 맞도록 현대적 의미로 독해, 고전 해석의 지평을 넓히기 위해 고민하는 대한민국 대표 인문학자.

고려대학교에서 교육학, 철학을 공부하였고, 한국학중앙연구원에서 「사서四書의 수기론修己論」으로 석사학위를, 고려대학교 일반대학원에서 「중용中庸의 교육철학」으로 박사학위를 받았다. 현재 고려대학교 교육학과 교수로 재직하고 있으며, 한중철학회 및 한국철학사연구회 부회장, 한국교육사학 및 한국교육학연구 편집위원장, 한국교육철학학회 회장 등을 역임하였다.

논저로는 유학의 교육철학과 관련된 연구논문 100여 편과 30여 권의 저술이 있다. 『진시황평전』 『공자평전』 『노자평전』 『관자』 등 동양적 사유의 핵심을 담은 저작들을 번역하였고, 『함양과 체찰』 『대학, 유교의 지도자 교육철학』 『유교의 교육학 체계』 『유교 사서의 배움론』 『정약용의 고해』 『정조책문』 『옛날공부책』 『논어의 지평』 등 유교 사상에 현대적 시각을 담은 저술을 출간하였다. 특히 한글 시대의 시대정신을 담은 한글 사서 시리즈인 『한글 논어』 『한글 맹자』 『한글 대학·중용』을 완간하였다.